Impressum

Der Fotograf:

Gerald Schwabe, Jahrgang 1968, gelernter Reiseverkehrskaufmann, studierter Geograph und begeisterter Fotograf und Bergwanderer, lebt mit seinem Sohn in Immenstadt im Oberallgäu.

Umschlagvorderseite: Schwaltenweiher bei Seeg, Tannheimer Berge *(oben)*,
Bärgündelebach im Hintersteiner Tal bei Bad Hindelang *(u.links)*,
Aubachfall im Gunzesrieder Tal bei Sonthofen *(u. rechts)*
Umschlagrückseite: Niedersonthofener See bei Immenstadt
Bildnachweis: Alle Bilder stammen von Gerald Schwabe (www.allgaeu-bilderbogen.de)
Panoramakarte S. 80/81: mit Genehmigung der Allgäu Marketing GmbH, Kempten

Satz und Grafik: Gerald Schwabe
Druck: AZ Druck und Datentechnik, Kempten

1. Auflage 2015

www.allgaeu-bilderbogen.de
email: geraldschwabe@gmx.de

Verlag: Brack Verlag GmbH, Altusried (www.brack-verlag.de)
ISBN 978-3-86389-020-9

Sollte mir bei dieser sehr persönlichen Auswahl - angesichts des großen Angebots im Allgäu - ein besonders schönes Fleckchen entgangen sein, so bitte ich das zu entschuldigen... ☺
Und ich bin natürlich immer dankbar für Tipps und Hinweise...

Gerald Schwabe

Weitere Allgäu-Bildbände von Gerald Schwabe:

„Rund um Oberstdorf"
120 Seiten
23,5 x 20,0 cm

„Allgäu"
144 Seiten
22,5 x 16,5 cm

„Allgäu-Panoramen"
80 Seiten
20,0 x 15,5 cm

„Allgäu-Panoramen 2"
80 Seiten
20,0 x 15,5 cm

Wasserparadies
ALLGÄU

Die 80 schönsten Seen, Tobel und Wasserfälle

Das Allgäu ist ein Eldorado für jeden Wasser-Liebhaber!

In alpinen Höhen warten verträumte Bergseen auf Entdecker, während das Alpenvorland von unzähligen stillen Weihern und schönen Seen geschmückt wird. Kristallklare Bäche und Flüsse durchziehen die vielen Täler des Allgäus, und fast überall stößt man auf malerische Tobel und beeindruckende Wasserfälle.

80 der schönsten Wasser-Ziele werden in diesem Bildband vorgestellt: Neben Bekanntem wie z.B. der Breitachklamm bei Oberstdorf, dem Forggensee bei Füssen oder dem Eistobel bei Isny auch viele unbekannte und überraschende Kleinode, die sich im Allgäu, dem Kleinwalsertal und dem Tannheimer Tal verbergen.

Ein schöner Bildband mit stimmungsvollen Fotos und beschreibenden Texten.
Und zugleich ein praktischer Wanderführer mit aktuellen Informationen über Erreichbarkeit und Wandermöglichkeiten.

Für Luca

Hasenreuther Wasserfall ▷▷

Westlich von Scheidegg versteckt sich im dichten Wald der romantische Hasenreuther Wasserfall.

P kleine Parkbucht an der Straße Scheidegg – Weienried (A); kurzer Stichweg zum Wasserfall

Scheidegger Wasserfälle ▽▷

Die Scheidegger Wasserfälle zieren nicht ohne Grund die Liste „Bayerns schönste Geotope". Der Rickenbach stürzt hier in zwei Stufen knapp 20 m in die Tiefe; und gleich nebenan überrascht der Riedbach mit einem weiteren Wasserfall (u.).

P direkt an der B308 westlich von Scheidegg; kurzer Rundweg (Eintritt)

◁ Eistobel

Östlich von Grünenbach hat sich die Obere Arger tief in die westallgäuer Landschaft eingeschnitten und den Eistobel mit beeindruckenden Wasserfällen, rauschenden Kaskaden, strudelnden Gletschertöpfen und flachen Kiesbänken geschaffen.

P an der Eistobelbrücke zwischen Maierhöfen und Grünenbach; H+R ca. 2 Std., 100 Hm ↑↓ (Eintritt)

Hausbachklamm ▷

Am Ortsrand von Weiler beginnt die Hausbachklamm, ein enges, bewaldetes Tal mit einem idyllisch dahinplätschernden Bach, an dessen Ufer sich ein schöner Wanderweg entlangzieht.

P in Weiler bei der Kirche; Tobelweg H+R bis Schellers ca. 3 Std., 200 Hm ↑↓

△ Eibele-Wasserfall

Der Eibelebach bildet die Grenze zwischen Deutschland und Österreich; direkt hinter den letzten Häusern von Eibele stürzt sein Wasser über glattgeschliffene Nagelfluhfelsen in einen bewaldeten Kessel hinab.

Buchenegger Wasserfälle ▷

Die Weißach hat – von den Nordhängen der Nagelfluhkette gespeist – östlich von Steibis ein tiefes, enges und dicht bewaldetes Tal in die Landschaft gegraben. Steile Pfade führen hinab zu den malerischen Buchenegger Wasserfällen, an denen das Wasser eine quer zum Fluss verlaufende Felsschicht überwindet.

P in Buchenegg oder Steibis; Abstieg zu den Fällen H+R 30 min. bzw. 1.15 Std., je 130 Hm ↑↓

Niedersonthofener See

Ein wunderschönes Erbe des eiszeitlichen Illergletschers ist der Niedersonthofener See. Mit knapp drei Kilometer Länge ist er nur unwesentlich kleiner als der Große Alpsee bei Immenstadt. Im Hintergrund Niedersonthofen und der Hauchenberg.

P am West- und Ostufer; leichter Rundweg ca. 2.30 Std., 70 Hm ↑↓

Niedersonthofener Wasserfall ▷

Westlich von Niedersonthofen hat der Schrattenbach auf seinem Weg hinab Richtung Niedersonthofener See den dicht bewaldeten, tiefen Einschnitt des Falltobels mit diesem wildromantischen Wasserfall geschaffen.

P am westlichen Ortsende von Niedersonthofen; H+R ca. 1.30 Std., 100 Hm ↑↓

Alpsee

Der Große Alpsee, der die gesamte Breite des Konstanzer Tales ausfüllt, das sich von Immenstadt nach Oberstaufen zieht, ist mit über drei Kilometer Länge der größte Natursee des Allgäus. Ost- und Nordufer sind durch schöne Uferwege erschlossen, während das westlichen Seeende in ausgedehnte Schilfbestände und Feuchtwiesen übergeht – in denen sich noch der kleine Teufelssee versteckt. △...links im Bild der Himmeleck-Grat, rechts Thaler und Salmaser Höhe.

P am Ostufer in Bühl und beim Alpseecoaster; Seerundweg ca. 3.30 Std., 170 Hm ↑↓

◁ ▽ Steigbachtobel

Oberhalb von Immenstadt strömt der steile Steigbach zwischen gewaltigen Nagelfluhfelsen talwärts.

P Immenstadt-Mittagbahn; H+R ca. 45 min., 150 Hm ↑↓ (oder Wanderung weiter Richtung Stuiben und Mittag)

Gschwender Wasserfall ▷

Der lange Kamm des Himmeleck-Grates, der das Konstanzer Tal zwischen Immenstadt und Oberstaufen im Süden begleitet, wird von zahlreichen steilen, meist weglosen Tobeln mit schönen Wasserfällen durchschnitten (wie dem Hubertobel bei Konstanzer, ganz links). Der größte dieser Fälle befindet sich bei Gschwend oberhalb des Alpsees.

P in Gschwend oberhalb des Falls; o. Alpsee-Rundweg (S. 10)

Iller

147 Kilometer sind es vom Iller-Ursprung bei Oberstdorf bis zu ihrer Mündung in die Donau bei Ulm. Nur die ersten 20 davon durchfließt sie die Alpen, ehe sie bei Immenstadt ins flache Alpenvorland übergeht. Während ihr Flussbett ab dort oft begradigt, aufgestaut oder kanalisiert ist, kommt die Iller in ihrem Oberlauf über weite Strecken dem Bild eines natürlichen Gebirgsflusses mit breiten Kiesbänken und schönen Auwäldern recht nahe.

◁ ...bei Fischen mit dem Rubihorn / △ ...bei Immenstadt, dahinter die Nagelfluhkette.

Illerradweg von Oberstdorf bis zur Donau, über weite Strecken direkt am Ufer entlang.

◁ ◁ Ostertaltobel

Bei Gunzesried-Säge mündet das Ostertal ins Gunzesrieder Haupttal. Der Ostertalbach hat dort einen wilden Tobel mit rauschenden Wasserfällen inmitten mächtiger Nagelfluhfelsen geschaffen.
Eine schöne Fortsetzung findet der Tobel weiter flussabwärts zwischen Gunzesried und Blaichach.

P in Gunzesried-Säge; Rundweg Tobel – Buhl`s Alpe – P ca. 1.20 Std., 100 Hm ↑↓

◁ Aubachfall △

Westlich von Sonthofen durchzieht das etwas abgeschiedene Gunzesrieder Tal die Nagelfluhberge. Im hinteren Tal wechseln weite Wiesenebenen mit bewaldeten Steilstücken ab, in denen der Aubach diese malerischen Wasserfälle erschaffen hat; die allerdings wegen der äußerst sumpfigen Umgebung schwer zugänglich sind.

P in Gunzesried-Säge; ab dort knapp 7 km autofreies Sträßchen, 2.30 Std., 80 Hm ↑↓ /

Breitach & Breitachklamm

Die Breitach durchfließt das Kleinwalsertal in seiner gesamten Länge, immer begleitet von einem schönen Uferweg. Am Talausgang wartet als krönender Abschluss die Breitachklamm: Millionenfach besucht und bestaunt ist sie eines der Naturwunder des Allgäus und des Kleinwalsertales. Ein beeindruckendes Erlebnis, wie sich die Wassermassen wildschäumend ihren Weg durch die teilweise nur wenige Meter enge und von über 100 Meter hohen Felswänden überragte Schlucht bahnen.

P am unteren Klammeingang bei Tiefenbach; H+R 60 min., 70 Hm ↑↓ oder Wanderung Riezlern – Waldhaus – Breitachklamm 2.30 Std., 90 Hm ↑ 350 Hm ↓ (Eintritt)

◁ Schwarzwasserbach

Der Schwarzwasserbach ist der längste und bedeutendste Nebenfluss der Breitach, entspringt im gleichnamigen Tal oberhalb der Schwarzwasserhütte, um schließlich nach etwa 10 km bei Riezlern in die Breitach zu münden. Der kleine Fluss durchquert sehr abwechslungsreiche Talabschnitte mit felsigen Schluchten, offenen Wiesen, schönen Wäldern und sehenswerten Wasserfällen.

P in Riezlern; Uferweg bis Bushaltestelle Schröflesäge 2.30 Std., 260 Hm ↑ 110 Hm ↓

Hochalpsee △

Ein sehr stilles Dasein führt der Hochalpsee (1981 m), der sich westlich des Widdersteins inmitten alpiner Wiesen versteckt. Im Hintergrund Güntlespitze, Diedamskopf u. Grünhorn.

P in Baad oder Mittelberg; Bergtour Gemsteltal – Widderstein-Hütte – Hochalpsee – Bärgunttal ca. 6 Std., ca. 1000 Hm ↑↓

◁ Schlappoltsee

Nur einen Steinwurf von der Fellhornbahn-Mittelstation entfernt, hat sich der schöne Schlappoltsee (1719 m) trotz der Bauten und zahlreichen Besucher seinen hochalpinen Charme weitgehend bewahren können. Im Bild hinter der Seilbahn der Allgäuer Hauptkamm mit Trettachspitze und Mädelegabel.

Bergtour ab Fellhornbahn-Gipfelstation: Gratweg – Schlappoltalpe – See – Mittelstation 1.45 Std. 200 Hm ↑ 390 Hm ↓

Rappensee ▷

In 2047 m Höhe liegt der verträumte Rappensee in einer nach Westen offenen Wiesenmulde. Über dem See erhebt sich der markante Kleine Rappenkopf. Die ferne Hintergrundkulisse bilden die Felsgipfel von Widderstein und Schafalpenköpfe auf der westlichen Seite des Rappenalptales.

P in Faistenoy (Stillachtal) bzw. Bushaltestelle Birgsau; Bergtour über Einödsbach und Enzianhütte, 7 Std. 1200 Hm ↑↓

Stillachtal

Das Stillachtal ist mit einer Länge von rund 16 km fast doppelt so lang wie das benachbarte Trettachtal und stößt fjordartig in die Allgäuer Alpen hinein. Im oberen Bereich eng und vom Rappenalpbach durchflossen, weitet sich das Tal nördlich von Einödsbach zur Ebene von Birgsau mit offenen Weiden und vereinzelten Bauernhäusern. Die Stillach durchfließt hier breite Kiesbänke, zwängt sich dann durch den engen Talausgang unterhalb des Freibergsees, um schließlich entlang der weiten Wiesenebene von Oberstdorf dem Illerursprung entgegenzustreben.

P in Faistenoy (oder Bushaltestelle Birgsau); H+R bis Schwarze Hütte 18 km, 360 Hm ↑↓

Freibergsee

Auf einem Höhenrücken, der den Ausgang des Stillachtales blockiert und nur einen schmalen Durchlass für Fluss und Straße lässt, liegt auf 931 m Höhe inmitten eines hübschen Mischwaldes der stille Freibergsee. Ein kühler Badesee, der weder einen oberflächlichen Abfluss noch ernstzunehmende Zuflüsse aufweist. Einen weiten Überblick genießt man von der Skiflugschanze oberhalb seines Südufers; rechts Rubihorn und Nebelhorn.

P Renksteg (Stillachtal); Rundweg Stillachufer – Skiflugschanze – Freibergsee – Ziegelbachbrücke, 2.45 Std., 200 Hm ↑↓

◁ ◁ Guggersee

Ein stiller, winziger See in 1710 m Höhe, fernab des Fellhorn-Trubels und mit großartigem Ausblick über die Allgäuer Hauptkette auf der gegenüberliegenden Talseite.

Bergtour Fellhornbahn-Gipfelstation – Guggersee – Abstieg Talstation 6.30 Std., 450 Hm ↑ 1500 Hm ↓

◁ Hölltobel ▽

Das ca. 4,5 km lange Dietersbachtal, ein großer Nebenzweig des Trettachtales, wird von Wanderern unten im Haupttal oft gar nicht wahrgenommen, da sein Ausgang – durch einen steilen, bewaldeten Hang getrennt – etwa 200 m oberhalb der Wiesen-Ebene bei Dietersbach liegt. Diesen Höhenunterschied überwindet der beeindruckende Hölltobel; Entlang des Baches gelangt man hinauf zur historischen Alpsiedlung Gerstruben.

P Oberstdorf Oybelehalle; H+R bis Alpsiedlung Gerstruben über Hölltobel ca. 4 Std., 350 Hm ↑↓

◁ Trettach

Das enge Trettachtal führt von Oberstdorf aus rund 9 km schnurgerade nach Süden Auf ihrem Weg durchs Tal nimmt die klare Trettach zahlreiche von Osten kommende Nebenflüsse auf (Sperrbach, Traufbach Dietersbach, Oybach), passiert Oberstdorf und vereint sich nördlich des Ortes mit Stillach und Breitach zur Iller.

P Oberstdorf Oybelehalle; leichte Talwanderungen, H+R bis Christlessee 10 km, ca. 3 Std., 120 Hm ↑↓ / H+R bis Spielmannsau 14 km, ca. 4 Std., 200 Hm ↑↓

Christlessee ▷

Mitten im Trettachtal versteckt sich der wunderbare Christlessee (926 m), der – anders als die vielen Seen oben im Gebirge – seine Existenz nicht einem eiszeitlichen Gletscher, sondern einer großen Karstquelle verdankt, die in seiner Mitte sprudelt. Im kristallklaren, bläulich schimmernden Wasser sind versunkene, von einer Kalkschicht überzogene Baumstämme zu entdecken, zwischen denen sich flinke Forellen tummeln.

◁ Oytal ▷

)as Oytal führt von Oberstdorf ca. 8 km ıstwärts als typisches Trogtal in die Berge ıinein: sehr steile, oft sogar senkrechte Talvände in Verbindung mit einem fast ebenen, ›reiten Talboden mit besten Weidegründen. /on der Hochebene der Käseralpe stürzt ler Stuibenbach eine steile Geländestue hinunter und wird zum Oybach. Oberıalb des Oytalhauses versickert das Wasser :omplett, um einige Kilometer talauswärts :ristallklar in unzähligen Quellen wieder ıum Vorschein zu kommen und schließlich n die Trettach zu münden.

.i.: am Prinzenkreuz im hinteren Tal
Re.: kurz vor der Mündung in die Trettach.

P Oberstdorf Oybelehalle; H+R bis)ytalhaus (über Dr. Hohenadel-Weg entlang des)ybachs) 3.30 Std., 200 Hm ↑↓

Moorweiher ▷

;üdlich von Oberstdorf – zwischen den veiten Auwiesen der Stillach und der Trettach – erhebt sich der langgezogene Rücken des Krappberges, ein abwechslungseiches Kleinod mit hübschem Mischwald, Moorwiesen und alten Platanen; und mitten lrin der stille Moorweiher, in dem sich Kegelkopf und Kratzer spiegeln.

Von Oberstdorf 40-minütiger Rundweg zum See, 70 Hm ↑↓

◁ EISSEE

;anz am Ende des Tales versteckt sich ıuf 1827 m der einsame Eissee, der seinen Namen wohl der Tatsache verdankt, dass m gesamten Winterhalbjahr kaum ein värmender Sonnenstrahl auf ihn fällt… m Sommer hingegen bietet sich ein Allgäu-3ild par excellence: blaugrünes Wasser, aftige Almwiesen und im Hintergrund lie hellen Dolomitgipfel des Großen Wilden.

P Oberstdorf Oybelehalle; per Rad zur Käseralpe (H+R 20 km, 600 Hm ↑↓), ab dort Bergtour 3 Std., 650 Hm ↑↓

STUIBENFALL ▷

e tiefer man in das Oytal hineinwandert, lesto mehr geht die almwirtschaftlich „ge-zähmte“ Landschaft in „wilde“ Natur über. Am Prinzenkreuz (S. 30) beginnt der steile Aufstieg hinauf zur rund 300 m höher gele-genen Hochebene der Käseralpe.
Der rauschende Stuibenbach überwindet liesen Höhenunterschied in zahlreichen Wasserfällen, von denen der spektakulärste ler – direkt am Wanderweg gelegene – etwa !5 m hohe Stuibenfall ist.

P Oberstdorf Oybelehalle; Talwande-rung H+R bis Wasserfall 17,5 km, 6.45 Std., '30 Hm ↑↓ (weitere 150 Hm ↑↓ + 40 min. bis zur Käseralpe)

◁ Faltenbachtobel

Unzählige Urlauber „schweben" in der Seilbahn auf ihrem Weg zum Nebelhorn über das Faltenbachtal hinweg; Fußgänger werden mit einem sehenswerten Tobel mit zahlreichen Wasserfällen und Stromschnellen inmitten eines dichten Waldes belohnt.

P Nebelhornbahn-Talstation; H+R durch den Tobel bis zur Seealpe 2.30 Std., 450 Hm ↑↓

Seealpsee △

In wenigen Minuten gelangt man von der Nebelhornbahn-Station hinüber zum Zeigersattel, wo sich das bekannte Panorama mit dem 300 Höhenmeter tiefer liegenden Seealpsee entfaltet. Am Seeufer selbst (1622 m) hingegen ist es überraschend einsam, denn kaum jemand nimmt den Abstieg auf sich. Direkt hinter dem See stürzen die Seewände fast senkrecht 600 m ins Oytal hinab. Den Hintergrund bilden Großer Wilder und Höfats.

Ab Nebelhornbahn-Station Höfatsblick Bergtour H+R zum See ca. 2 Std., 330 Hm ↑↓; oder Abstieg über Gleitweg (schwer) und Oytal nach Oberstdorf (4 Std., 50 Hm ↑ 850 Hm ↓)

△ Engeratsgundsee

Mit dem Großen Daumen im Rücken liegt auf 1876 m Höhe der wunderschöne Engeratsgundsee, der ein Kar wie aus dem Lehrbuch ausfüllt: die von einem eiszeitlichen Gletscher ausgeschürfte und nun vom See gefüllte Wanne wird talseitig von einem breiten Karriegel begrenzt, der ein Abfließen des Wassers verhindert.

Ab Nebelhornbahn-Station Höfatsblick; Bergtour H+R bis Engeratsgundsee 4.45 Std., 425 Hm ↑↓, H+R bis Laufbichelsee 3 Std., 285 Hm ↑↓

Laufbichelsee ▷

Umgeben von hellem Kalkgestein und saftigem Grün liegt auf der Koblat-Hochfläche unterhalb des Hindelanger Klettersteigs der schöne Laufbichelsee (2012 m). Dieser See weist eine – in Karstgewässern oft anzutreffende – Besonderheit auf: Es gibt keinen Oberflächenabfluss; stattdessen verschwindet das Wasser am westlichen Seeufer in einer tiefen Höhle, um von dort unterirdisch talwärts zu strömen.

◁ Unterer Gaisalpsee

Unterhalb der hoch aufragenden Nordwände des Rubihorns schmiegt sich der malerische und vielbesuchte Gaisalpsee (1508 m) in die Berglandschaft. Rechts das Illertal, Fischen sowie die Hörnerkette.

P in Reichenbach; Bergtour über Gaisalptobel (s. S. 40) und Gaisalpe zum See, H+R 3.30 Std., 650 Hm ↑↓

Oberer Gaisalpsee △

In 1771 m Höhe füllt der stille Obere Gaisalpsee eine weite, von eiszeitlichen Gletschern ausgeschürfte Vertiefung; im Hintergrund das Rubihorn.

Ab Nebelhornbahn-Station Höfatsblick; Bergtour an beiden Seen vorbei und Abstieg nach Oberstdorf, 4.30 Std., 175 Hm ↑ 1275 Hm ↓

Gaisalptobel

Im Allgäu finden sich unzählige Tobel, schmale, schluchtartige und bewaldete Einschnitte mit wild rauschenden Bergbächen und spektakulären Wasserfällen. Der Gaisalptobel zieht sich von Reichenbach steil hinauf bis zur offenen Almlandschaft der Gaisalpe.

P in Reichenbach; H+R durch den Tobel bis zur Gaisalpe 1.45 Std., 275 Hm ↑↓

Hinanger Wasserfall

Einer der malerischsten Plätze im Oberallgäu! Ein kleiner, im Wald versteckter Wasserfall, der sich eine schmale Rinne hinabstürzt, mit Moos überzogene Felswände, überall tropft, rauscht und glitzert es...Und im Winter erstarrt alles zu einem eisigen Naturschauspiel.

P an kleiner Straße Hinang – Hochweiler; kurzer, steiler Tobelweg, 100 Hm ↑↓

◁ Starzlachklamm

)ie kleine Schwester der berühmten Breitachklamm iegt bei Burgberg zu Füßen des Grünten. Hier ist lles eine Nummer kleiner, aber kaum weniger eeindruckend – und bei weitem nicht so überfüllt.)ie Starzlach zwängt sich wildromantisch durch ine enge Kalksteinschlucht mit hoch aufragenden 'elswänden inmitten eines schönen Mischwaldes.

P in Winkel; Rundweg durch Klamm und Wald, ca. '.45 Std., 140 Hm ↑↓(Eintritt)

Leybachtobel ▷

)as Oberallgäu ist Tobel-Land! Fast jeder Ort cheint seinen „eigenen" vor der Haustür zu haben.)berhalb von Altstädten durchschneidet der Leyach die westlichen Ausläufer des Sonnenkopfgraes und bildet u.a. diesen schönen Wasserfall.

P in Altstädten (Freibad); Rundweg Leybachtobel – Iochweiler – Hinanger Wasserfall (s. S. 41), 2.15 Std., '00 Hm ↑↓

)STRACH

:in Fluss mit einer phantastischen Wasserfarbe! In
.er Nähe des Giebelhauses aus dem Bärgündele-
.ach und dem Obertalbach entstanden, durchfließt
.ie insgesamt 23 km messende Ostrach in ihrem
)berlauf das enge Hintersteiner Tal. Mal gemüt-
.ch entlang von Almwiesen, mal wildrauschend
.urch enge Felsschluchten hindurch, mal breit und
.ehäbig durch ausgedehnte Kiesflächen (wie rechts
.ei Hinterstein). Bei Bad Hindelang erreicht sie das
)strachtal, um von dort im begradigten Flussbett
.rer Mündung in die Iller bei Sonthofen entgegen-
.uströmen.

P Hinterstein; schöne Radtour auf autofreier 'traße durchs Hintersteiner Tal (ab Hinterstein bis zum ;iebelhaus H+R ca. 18 km, 200 Hm ↑↓)

◁ **Bärgündeletal**

Auch im Bärgündeletal ist Wasser allgegenwärtig. Der Wanderweg entlang eines Baches hinauf zum Prinz-Luitpold-Haus passiert diesen schönen Wasserfall, und direkt neben dem Prinz-Luitpold-Haus (1846 m) füllt ein kleiner See eine Karmulde unterhalb der hoch aufragenden, nackten Felswänden von Wiedemerkopf, Kreuzkopf und Co.

P in Hinterstein; Pendelbus zum Giebelhaus, Bergtour zum Prinz-Luitpold-Haus, H+R ca. 5 Std., 850 Hm ↑↓

Schrecksee △

Im Hintersteiner Tal liegt der malerische Schrecksee in 1813 m Höhe in einem weiten, nach Norden offenen Kar. Die kleine Insel im See entstand aus einer Landzunge, als zur Stromgewinnung der See zusätzlich einige Meter aufgestaut wurde.

P in Hinterstein; Pendelbus zum E-Werk, Bergtour zum See, H+R ca. 4 Std., 900 Hm ↑↓ (ohne Bus plus 90 min.)

◁ Zipfelsbach-Wasserfälle

Direkt oberhalb der Kirche von Hinterstei stürzen sich die Zipfelsbach-Wasserfälle i mehreren Stufen die steilen Hänge hinab.

P in Hinterstein am Bach hinter der Kirche; kur und steil hinauf zu den Wasserfällen, ca. 50 Hm ↑↓

Wildbachtobel (Hindelang) ▷

Während nebenan der Verkehr über die zah reichen Kehren der Jochpassstraße zwische Oberjoch und Bad Hindelang rauscht, nimm der Wildbach den direkteren Weg, um die fas 300 Höhenmeter zu überwinden. Ein hübsche stiller Tobel im dichten Wald mit Wasserfälle und Stromschnellen.

P in Oberjoch; Rundtour Wildbachtobel (berg ab) – Hirschbachtobel (bergauf, s.S. 50) – Oberjoc 2.30 Std., 400 Hm ↑↓

◁ ◁ Hirschbachtobel

Jberragt vom nackten Fels der Kellerwand :ieht sich der Hirschbachtobel mit zahl- eichen Wasserfällen durch die steilen Hänge oberhalb von Bad Hindelang.

P Bad Hindelang; Aufstieg zum aussichtsrei- hen Hirschberg durch den Hirschbachtobel, H+R 3 Std., 700 Hm ↑↓

◁ Schleierfall

Der Name ist Programm, denn das – meist echt wenige – Wasser des Ellesbaches fällt als feiner Sprühnebel in die Tiefe. Und doch hat der überraschend hohe Wasserfall über die Jahrtausende eine zwar kurze, aber beeindruckende Schlucht in den Fels geschnitten.

P am Prinz-Luitpold-Bad oder an der Ostrach- Brücke bei Bad Oberdorf, jew. 30 min. H+R

Wildbachtobel (Kranzegg) ▷

Oberhalb von Kranzegg liegt dieser recht unbekannte – und wegen der parallel ver- laufenden Mautstraße hinauf zur Jörgalpe wenig besuchte – Tobel. Ausreichend Wasser vorausgesetzt, erwartet Wanderer u.a. dieser schöne Wasserfall.

P in Kranzegg, bei den Grünten-Liften; Tobel H+R ca. 40 min, 130 Hm ↑↓ (weitere Bergtour zum Grünten möglich)

△ Wertacher Hörnle-See

Der Wertacher Hörnle-See (1601 m) füllt eine weite, nach Osten zum Tannheimer Tal hin offene Wiesenwanne unterhalb des Gipfels des Wertacher Hörnles.

P an B310 Unterjoch-Obergschwend; Bergtour zum Hörnle Gipfel und See 3.45 Std., 630 Hm ↑↓

Vilsfall ▷

Weitgehend unter Ausschluss der Öffentlichkeit stürzt sich nördlich von Schattwald der Vilsfall einen Felseinschnitt hinab. Ein E-Werk behindert den Zugang und leitet zudem das meiste Wasser ab; bei Schneeschmelze oder heftigen Regenfällen jedoch läuft der Vilsfall fast zu alter Form auf.

◁ Vilsalpsee

Südlich von Tannheim füllt der herrliche Vilsalpsee (1165 m) fast fjordähnlich das enge Tal aus. Ein schöner Wanderweg zieht sich an seinem Ufer entlang, und wer bis zum wilden Talschluss wandert, erreicht den hohen Bärgacht-Wasserfall. Hier hat die Vils ihren Ursprung, fließt an Tannheim und Schattwald vorbei in weitem Bogen hinunter nach Pfronten, um sich dann schließlich südlich von Füssen mit dem Lech zu vereinen. Bild unten: Tiefblick vom Kirchendachsattel, in der Ferne die Tannheimer Berge.

P Tannheim; Pendelbus zum See, leichter Seerundweg 1.15 Std. Ab Südufer (Vilsalpe) zum Bärgacht-Wasserfall zusätzlich ca. 1.15 Std., 100 Hm ↑↓

Lache & Traualpsee

Wer vom Vilsalpsee hinaufsteigt Richtung Landsberger Hütte, erreicht oberhalb einer hohen Geländestufe den Traualpsee (1640 m) und noch weiter oben – hinter einer klassisch ausgeprägten Karschwelle – die kleine Lache (1777 m) mit der Landsberger Hütte an ihrem Ufer. Den Hintergrund bilden die markante grasbedeckte Rote Spitze sowie die felsigen Gipfel von Rauhhorn und Geißhorn.

P Tannheim, Neunerkopfbahn-Bergstation; Bergtour Saalfelder Höhenweg – Landsberger Hütte – Traualpsee – Vilsalpsee ca. 4 Std., 300 Hm ↑/ 900 Hm ↓ (Pendelbus zurück nach Tannheim)

Haldensee

◁ Tiefblick von der Krinnenspitze hinunter auf den Haldensee (1124 m), den kleinen Ort Haller am östlichen Seeufer sowie Grän; im Hintergrund die Gipfel von Einstein, Aggenstein und Brentenjoch (von links).

△ Am Seeufer; in der Ferne der Einstein-Gipfel

P am West- und Ostufer; leichter Seerundweg ca. 1.30 Std.

An der Hängen der Alpspitz warten zwei schöne Tobel auf Wanderer: Auf dem Weg von Pfronten-Kappel hinauf zur Kappeler Alpe durchquert man die wilde Höllschlucht.

Und beim Aufstieg von Nesselwang zur Wallfahrtskapelle Maria Trost und weiter zur Alpspitz kommt man in den Genuss des malerischen „Wasserfallweges". Beide Tobel können in einer Rundtour erwandert werden.

P in Nesselwang, Alpspitzbahn-Talstation; Bergtour Wasserfallweg – Kappeler Alp – Höllschlucht – Kappeler Höhenweg - P ca. 3 Std., 500 Hm↑↓

◁ Gerats-Wasserfall

Ein kleiner, im Wald versteckter Wasserfall bei Gerats südwestlich des Rottachsees (oben links).

◁ Grüntensee

Dem Grüntensee bei Wertach sieht man mit seinen schilfbestandenen Uferbereichen, den Feuchtwiesen und naturnahen Auwäldern kaum an, dass es sich um einen Stausee handelt.

P u.a. beim Campingplatz/Buronlift; leichter Seerundweg ca. 2.30 Std.

Rottachsee △

Gleiches gilt für den knapp 5 km langen Rottachsee, der sich harmonisch in die Allgäuer Landschaft einfügt und sich seit seiner „Fertigstellung" 1992 zu einem beliebten Freizeitziel entwickelt hat.

P bei der Staumauer o. bei Petersthal; Seerundweg 14 km, 125 Hm ↑↓

Alpsee Schwansee Weißensee/Lech Füssen Hopfensee

Forggensee Bannwaldsee

TEGELBERG

Den wohl umfassendsten Überblick über das ostallgäuer Seenland bietet der Tegelberg östlich von Füssen.

P Tegelbergbahn Talstation; Wanderung von der Bergstation über Marienbrücke + Pöllatschlucht zur Talstation, 2.30 Std., 900 Hm ↓

◁ Schwaltenweiher

Der fotogene Schwaltenweiher bei Seeg vor der Kulisse der Tannheimer Berge (Große Schlicke, Gimpel, Roßberg, v. li.).

P am Ostufer (Freibad); leichter Seerundweg 1.15 Std., 50 Hm ↑↓

Weissensee △

Wenige Kilometer westlich von Füssen schmiegt sich der wunderschöne, rund zwei Kilometer lange und 600 Meter breite Weißensee an die bewaldeten Hänge des Zirmgrates. Ein schöner Uferweg führt einmal um den See herum.

P in Oberkirch (Freibad); leichter Seerundweg, 2 Std.

◁ **Attlesee**

Einer der zahlreichen kleinen Seen, die die ostallgäuer voralpine Landschaft mit ihrem Flickenteppich aus Wiesen, Weiden, Wald und Mooren schmücken, ist der östlich von Nesselwang gelegene Attlesee. Im Hintergrund die Tannheimer Berge.

P im Dorf Attlesee; leichte Rundtour zum Attlesee und dem etwas weiter entfernten Kögelweiher, 1.30 Std.

Alatsee △

Der stille Alatsee (868 m) liegt hoch oben auf einem schmalen, bewaldeten Felsriegel, der sich zwischen dem Weißensee und dem Tiroler Vilstal erstreckt.

P in Füssen; Wanderung durchs Faulenbach zum See, H+R 9 km, 3.30 Std., 100 Hm ↑↓

Hopfensee

Der eiszeitliche Lechgletscher hat auch diesen wunderbaren See hinterlassen (784 m). Er ist hinter dem Bannwaldsee mit rund 2 km² der zweitgrößte natürliche See im Ostallgäu. Nord- und Ostufer sind – entlang des Ortes Hopfen am See – mit einer Promenade erschlossen, die übrigen Ufer sind weitgehend naturbelassen und werden von Schilfbeständen gesäumt.

Im Süden bilden das Ammergebirge mit dem wuchtigen Säuling sowie die Tannheimer Berge den eindrucksvollen Hintergrund.

P in Hopfen am See; leichter Seerundweg 2.15 Std.

◁ Alpsee

Weltbekannt als „der See im Hintergrund“ auf unzähligen Neuschwanstein-Fotos liegt der tiefblaue Alpsee eingebettet in stille Laubwälder westlich des Königsschloss-Trubels; dahinter die Tannheimer Berge.

P in Hohenschwangau; leichter Seerundweg ca. 2 Std., 80 Hm ↑↓

Schwansee △

Unterhalb von Schloss Hohenschwangau führt der Schwansee ein stilles Dasein inmitten einer parkähnlichen Landschaft. Die Moore und Feuchtwiesen rund um den See wurden im 19. Jahrhundert in den Schwanseepark des Schlosses integriert, der zwar heute nicht mehr als Park gepflegt wird, aber noch als solcher gut zu erkennen ist. Der See selbst und seine Ufer sind fast vollständig naturbelassen und von Schilfgürteln umgeben.

P direkt am See; leichter Seerundweg ca. 1 Std.

◁ Pöllatschlucht

Zu Füßen des Schlosses Neuschwanstein hat sich die Pöllat durch den Kalkstein gefräst und eine enge Klamm geschaffen, über die sich – hoch über einem Wasserfall – die weltbekannte Marienbrücke spannt.

P in Hohenschwangau; Aufstiegsalternative zum Schloss Neuschwanstein „hintenrum", 45 min, 140 Hm ↑

◁ Kenzen-Wasserfall & Halblech/Ammergebirge △

Im Zentrum des zum Ostallgäu gehörenden Teils des Ammergebirges erheben sich die hohen Kalkgipfel von Säuling, Hochplatte und Co., während die nördlichen Ausläufer eher Mittelgebirgscharakter aufweisen, mit dicht bewaldeten Bergrücken, die vom Halblech und seinen zahlreichen Zuflüssen durchschnitten werden. Neben kleinen Stauseen wartet bei der Kenzenhütte ein schöner Wasserfall auf Besucher (li.o.).

P Halblech; lange Flusswanderung über Wankerfleck zur Kenzenhütte 11 km, ca. 3.30 Std., 500 Hm ↑ (zurück per Pendelbus)

Lech

Rund 264 km misst der Lech von seiner Quelle bis zur Mündung in die Donau bei Donauwörth, etwa 100 km davon in Österreich in Gestalt des engen, von den Lechtaler und Allgäuer Alpen eingerahmten Lechtales. Mit seinen ausgedehnten Kiesbänken hat sich der Lech in diesem Bereich weitgehend den Charakter eines alpinen Wildflusses bewahrt. Nach dem „Grenzübertritt" bei Füssen – in Form des Lechfalls – erfolgt der Übergang ins flache ostallgäuer Alpenvorland, in dem sich auch das Gesicht des Lechs ändert.

Zahlreiche Staustufen verwandeln den Fluss auf seinem Weg nordwärts in eine lange Kette aus insgesamt 24 Seen, angefangen mit dem schönen Forggensee gleich nördlich von Füssen (▷ ▷).

Der nur im Sommerhalbjahr aufgestaute See ist mit 15 km² Fläche der fünftgrößte See Bayerns und der größte Stausee Deutschlands. Seit seinem Bestehen hat er sich zu einem der bedeutendsten Naherholungsgebiete der Region entwickelt.

🚲 *Fahrrad-Seerunde ca. 31 km*
Forggensee-Schifffahrt zwischen Füssen und Roßhaupten

△ Bannwaldsee

Der etwa 2,3 km^2 große Bannwaldsee ist der größte Natursee im Ostallgäu und dank seiner ausgedehnten Schilf- und Verlandungszonen auch einer der naturnahesten.

Hegratsrieder See ▷

Direkt neben dem riesigen Forggensee versteckt sich der stille Hegratsrieder See in einer kleinen Senke inmitten der welligen Moränenlandschaft; im Hintergrund Säuling und Tannheimer Berge.

P Bayerniederstetten (Sportplatz); leichte Rundtour durch Wiesen und Moore über Kühmoossee, Schapfensee und Hegratsrieder See; ca. 3 Std., 100 Hm ↑↓

Inhalt

🚶🚶 = Wandertipps

🚲 = auch als Fahrradtour geeignet

Wetterspitze
Großstein
Ruitelspitze
Hohes Licht
Biberkopf
Widderstein
Hochkünzelspitze
Zitterklapfen
Karisfluh
Hoher Freschen
Didamskopf
Mädelegabel
Warth
Stockach
Großer Krottenkopf
Alpgundkopf
Elbigenalp
Mittelberg
Baad
Hirschegg
Riezlern
Schönenbach
Bizau
Mellau
Bezau
Andelsbuch
Schwarzenberg
Hochälpele
Oberstdorf
Nebelhorn
Fischen i. A.
Langenwang
Bolsterlang
Obermaiselstein
Balderschwang
Ofterschwang
Sonthofen
Bad Hindelang
Tannheim
Haldensee
Nesselwängle
Schattwald
Zöblen
Burgberg i. A.
Blaichach
Immenstadt i. A.
Oberstaufen
Oberreute
Weiler i. A.
Scheidegg
Lindenberg
Simmerberg
Stiefenhofen
Missen
Rettenberg
Kranzegg
Wertach
Jungholz
Pfronten
Nesselwang
Weißbach
Eisenberg
Seeg
Rückholz
Buchenberg
Kempten
Waltenhofen
Sulzberg
Wengen
Moosbach
Weitnau
Isny
Meierhöfen
Argenbühl
Heimenkirch
Wiggensbach
1
2
3
4
5
6
7
8
9
10
12
13
14
16
17
18
20
21
22
23
24
25
26
27
28
29
30
31
32
33
34
35
36
37
38
39
40
41
42
43
44
46
47
48
49
50
51
52
53
54
55
56
58
59
60
61
64
65
66
67